Edmund Pfleiderer

Festrede zur Vorfeier von Bismarcks 80sten Geburtstag

Edmund Pfleiderer

Festrede zur Vorfeier von Bismarcks 80sten Geburtstag

ISBN/EAN: 9783337331221

Hergestellt in Europa, USA, Kanada, Australien, Japan

Cover: Foto ©Thomas Meinert / pixelio.de

Weitere Bücher finden Sie auf **www.hansebooks.com**

Festrede

zur Vorfeier

von

Bismarcks 80sten Gebu

auf dem

Studenten-Kommers

der Verbindungen

Königsgesellschaft, Normannia und W

in Tübingen

gehalten am 6. März 1895

von

Professor Dr Edmund Pfleidere

Meine lieben Herrn Kommilitonen!

Verehrte Festversammlung!

Erwarten Sie von mir kein Lebensbild des großen Manns, dessen nahem 80. Geburtstag die heutige studentische Feier gilt. Denn ein solches Leben mit seinem überreichen Inhalt ist längst Gemeingut, und diese Lebensgeschichte deckt sich allbekannt mit dem wichtigsten Abschnitt in Deutschlands und einem der wichtigsten in Europa's Geschichte. Wohl aber will ich versuchen, in kurzen Zügen ein Charakterbild Bismarck's zu entwerfen; denn letzteres schwankt ja noch in der Geschichte, von der Parteien Haß und Gunst verwirrt, was freilich die Gegner nicht viel helfen wird; sondern es dürfte ihnen schließlich gehen, wie mit des Recken Vornamen Otto: Sie mögen ihn wenden und drehen, wie sie wollen, können ihn auch gerne auf den Kopf stellen; er bleibt doch, was er ist, und ebenso sein Träger!

Verehrte Versammlung! Eine so merkwürdige Gestalt Bismarck ist, so wenig gleicht er doch einer rätselhaften Sphinx, sondern darf vielmehr eine Persönlichkeit von verblüffender Offenheit genannt werden. Hell und klar in ihrer Thatsächlichkeit, wie man dann auch nachher über sie urteilen mag, sind jedenfalls sofort die zwei Hauptpunkte: Ziel und Zweck seiner Lebensarbeit, und andrerseits Mittel und Wege.

Als Ziel, von dem das vollerklärende, unter Umständen auch versöhnende Licht auf die Wege zurückfällt, steht ohne allen Zweifel da der deutschen Nation Einheit und Macht, ihre staatlichgesellschaftlich gesicherte Selbstherrlichkeit, in der Mitte unseres Weltteils ebenbürtig den andern Nationen, frei von jeglicher fremden Einsprache, woher irgend sie auch kommen möge.

1

Ob er dies Ziel von Anfang an hatte? Nein oder ja, je-
nachdem. Jedenfalls war es die Lift der Idee, mit Hegel ge-
sprochen, daß ein solcher Mann im Jahre 1815 geboren wurde
und ihm so die Geschichte selbst die Testamentsvollstreckung der
napoleonischen Befreiungskriege als künftige Mission in die Wiege
legte, wie unser großer Leibniz als Deutschlands geistiger Retter
im 17. Jahrhundert zwei Jahre vor Ende des dreißigjährigen
Kriegs das Licht der Welt erblickte. Sichtlich klingen denn auch in
dem jungen Bismarck die tiefen Bewegungen der vorangegangenen
schweren Jahrzehnte nach. Wenn er schon als Knabe in Homers
Heldensage schwelgte, mag ihn wohl früh jenes große Wort ge-
fesselt haben: Εἷς οἰωνὸς ἄριστος, ἀμύνεσθαι περὶ πάτρης, Ein
Wahrzeichen nur gilt, das Vaterland zu erretten. Περὶ πάτρης,
pro patria! Da waren sie schon, die zwei großen P seines Lebens
im Gegensatz zu den zwei kleinen und schlechten, Partikularismus
und Parteigeist. Im vollen Ernst aber knüpft er sofort bei seinem
Auftreten im vereinigten Landtag 1847 eben an das treibende
Motiv von 1813, den Haß gegen die Fremdherrschaft an.

Freilich jenes volle, wahre Ziel ist ihm zuerst noch unbe-
wußt, ein über sich selbst noch lange nicht klarer Instinkt. Der
Kern steckt noch in der härtesten preußischen Schale des trotzig
sich so nennenden stockpreußischen Junkers und leidenschaftlichen
Royalisten — ein glücklicher Instinkt! Denn Archimedes brauchte
einen festen Punkt, die Erde mit seinen Hebeln zu bewegen; Bismarck bedurfte für seine spätere deutsche Lebensarbeit den Halt
und Ansatz beim festen preußischen Staatsgefüge und dem ehernen
Fels seines Königtums. Aber Schritt für Schritt sieht man ihn
zu seinem höheren Zweck hinan- und mit diesem selber wachsen,
sieht ihn mehr und mehr preußisch-deutsch und zuletzt ganz deutsch
werden, unter allen seinen näheren Volksgenossen vielleicht der
einzige von allem Partikularismus freie, der es aber verdient hat,
daß beide Richtungen seines Strebens in Einem zu Versailles ge-
krönt wurden.

Daß der nationale Gedanke thatsächlich in verschiedenen
Wandlungen der immer deutlicher werdende rote Faden seines

Wirkens war, dafür gibt er selbst uns reichlich Zeugnis. Schon als Junker eifert er gegen die Sucht, immer nach französischen oder gar englischen Vorbildern zu haschen: „Die Berufungen auf England, wo ja Alles so anders ist, sind unser Unglück!" Er klagt über den jämmerlichen Mangel an deutschem Ehrgefühl und Nationalsinn und spottet zu Anfang der 60er Jahre über die deutsche Nationalkrankheit, in sentimentalem Kosmopolitismus auf Kosten des eigenen Staats sich zu begeistern für Polacken und Slowacken und alle möglichen sogenannten Nationalitäten mit ihren aussichtslosen Bestrebungen.

Statt dessen predigt er immer und immer einen gesunden nationalen Egoismus, welcher sich in erster Linie der Pflege unserer eigenen, so tief vernachlässigten Interessen widmet. Er will es dahin bringen und übt es auf der Höhe seiner Macht auch rühm- lich, daß das alte stolze „civis Romanus sum" in der Neuzeit nicht bloß dem Engländer und Andern zukomme, sondern ebensogut dem Deutschen, sei es daheim, sei es draußen in der sofort mit der Flotte erreichbaren Ferne. Alle sollten sich unter des Adlers Schwingen geborgen wissen und nicht mehr nur so als Paria's unter den Nationen herumschleichen, sondern als pares dastehen.

Ganz folgerichtig verbindet sich mit diesem so vernünftigen Eigensinn d. h. Sinn fürs Eigene das Weitere, daß man von sich aus auch die Andern auf ihrem Gebiet völlig in Ruhe und in ihrem Recht lassen soll. „Es ist eines großen Staats nicht wür= dig, für eine Sache zu streiten, die nicht seinen eigenen Interessen angehört". Darum Klage und Spott über die Donquixoterie, den Schiedsrichter oder Schulmeister mit dem Bakel in aller Welt spielen zu wollen, wo es Einen nichts angeht. Darum jene ge= wissenhafte Sorge für die „gesunden Knochen auch nur eines ein- zigen pommerischen Musketiers", der für eine fremde Sache zu gut ist, und die bewunderungswürdige Einhaltung dieser Richt- schnur durch Bismarck auf dem Gipfel seines Einflusses.

Ein Prediger jener in süßen Thränen zerfließenden, „seid umschlungen, Millionen!" rufenden Weltbürgerlichkeit ist er da- mit allerdings nicht. Aber waren denn und sind solche weichen

Schalmeientöne dasjenige, was dem Volk der Dichter und Denker Not that? Ihm Kosmopolitismus aus gefühlvolle Herz legen, hieß und heißt noch heute Eulen nach Athen tragen oder minder klassisch, aber deutlicher gesagt heißt es dem guten deutschen Michel die Zipfelmütze gar auch noch weich auswattiren. Von der Sorte Gesinnung haben wir nur noch zuviel Vorrat. Dahin gehören alle jene Atavismen, die uns von unserer ein halb Jahr= tausend lang verzwergten Geschichte noch heute nachgehen, das Ge= rede von dem Großmachtskitzel, sobald man nicht mehr Aschen= brödel sein will, die bangbürische Angst vor einer Weltstellung, wie sie ja natürlich einem Volk von blos 50 Millionen und un= serer Bildung nicht ziemt, die Kolonienfeindschaft, damit wir bei der Weltverteilung ja fein mit Schillers Poëten auch noch die letzte Stunde verpassen. Nein, gegen solche angewohnte Hunde= demut und chronische Schlafsucht waren Trompetenstöße nötig, Worte voll Kraft, Stolz und Selbstbewußtsein, um dies auch bei Andern zu wecken, namentlich bei uns stets zu schüchternen Süd= deutschen, die wir bei aller Eigenliebe und Einbildung unter uns und am Biertisch, sofort gern um Daseinsverzeihung bitten, wenn wir in die größere politische Welt treten. Ich darf Ihnen das ruhig sagen; denn ich bin ja selbst ein hartgesottener Schwabe. Aber eben deshalb wurmt es mich noch heute, daß Einer aus u n s e r e m einst reichssturmfahnetragenden Stamm durch jene Fremdenangst sich Bismarcks stolze Zurechtweisung im Zollparlament von 68 zuzog: „Der Appell an die Furcht findet keinen Widerhall in deutschen Herzen".

Vor allem Kosmopolitismus, den sich erst eine gefestigte Nation als schönen Schmuck erlauben mag, galt es in erster Linie, so nötig wie das liebe tägliche Brod den Patriotismus einzu= bürgern und zu kräftigen, der ja von Ferne noch kein thörichter und frecher, in anderer Leute Recht sich eindrängender Chauvi= nismus ist. Den lassen wir unseren Nachbarn. Nur das freilich hat uns Bismarck erstrebt, daß wir ihnen denselben ruhig lassen können, fest und stark im geschlossenen eigenen Haus, mögen Die drüben bei sich randaliren wie sie wollen. Auch w i r sollten unsere

Ehre haben, die keine geringere ist, als die jeder andern Nation,
wir sollten uns gleichberechtigt fühlen, und statt Kulturguano
oder geistiger Thomasschlacke, zu was eine verzweifelt landwirt=
schaftliche Geschichtsphilosophie uns schon für Andre machen
wollte, sollten wir ein mitzählend und würdig mitsprechend Glied
in der Völkerfamilie sein. Wahrlich ein hohes Gut, von allem
Äußeren abgesehen auch geistig und gemütlich eine hohe Er-
rungenschaft, diese Erweiterung des Blicks und Horizonts, was
den Einzelnen unwillkürlich über sich selbst hinaufhebt, da er mit
dem Anschluß an ein großes Ganze selbst größer wird.

Meine Herrn Kommilitonen! Ich fühle das so lebhaft bei
dem Vergleich von Ihrer und meiner Studentenzeit im Anfang
der 60er Jahre. Fast krampfhaft und sehnsuchtsvoll an längst
Vergangenes uns klammernd feierten wir einen Fichtekommers,
feierten das halbhundertjährige Jubiläum der Leipziger Schlacht
draußen auf dem Exerzierplatz, dem damaligen Turnplatz. Aber
die Zukunft hieng „voll Wolken schwer" in jenen Jahren 63 und
64; was wird sie bringen, ja, wird sie überhaupt etwas bringen,
fragten wir uns mit schmerzlichstem Zweifel. Und Sie, meine
Herrn, feiern heute, wie so viele Ihrer Kommilitonen auf
Deutschlands Hochschulen in diesen Tagen, den Bismarckkom=
mers. Ein Kommentar ist überflüssig.

Die idealsten Wünsche, Hoffnungen und Träume der Besten,
selbst der wahren Demokraten von 1848, sie decken sich mit Bismarcks
großem Ziel, und er hats erreicht. Darum durfte er nach der
ersten typischen Kraftprobe der schleswigholsteinischen Frage mit
stolzer Jronie sagen: „Die Resultate, die Sie wünschten, sind erreicht, nur nicht auf den Wegen, die Sie eingeschlagen zu sehen
wünschten. Das ist der Hauptvorwurf, den ich in Ihrer Kritik
uns gemacht finde".

Und welches sind nun diese Mittel und Wege, auf denen
das fast unerreichbar scheinende Ideal erreicht wurde? Es ist der
entschiedenste Realismus von der Welt.

Schon lange nennt man Bismarck den eisernen Kanzler und
hat ihn mit allem Fug zum Doktor der Medizin und namentlich

der Chirurgie kreirt. Denn sehr früh bekannte er sich ja zur Schule des großen Hippokrates mit ihrem Spruch: Quod medicina non sanat, ferrum sanat, quod ferrum non sanat, ignis sanat; was die Arznei nicht heilt, heilt Eisen, was Eisen nicht, dafür hilft das Brennen. Oder kürzer ist es das berühmt=berüchtigte Wort Bis= marcks aus dem Beginn seiner Ministerpräsidentschaft im Jahr 1862, daß Eisen und Blut es seien, durch welche die großen Fragen der Zeit entschieden werden, nicht Reden und Majoritäts= beschlüsse. Daher die Reihe seiner Kriege nach der phäakischen Friedenszeit des seligen Bunds, der freilich „eine bequemere Basis war zum Schlafen, als die Basis der Spartaner".

Aber hat er diese Kriege eigentlich gesucht? Hat er sie direkt gewollt? Nein! In einem allerdings fast tropischfieberhaft ge= wordenen Drängen und Treiben der Geschichte wuchs ihm Einer um den Andern in die Hand, zum Glück nie über den Kopf, seit damals in Deutschlands „Glücksburg" an der Flensburger Föhrde am 14. November 1863 mit dem Tod des Dänenkönigs der Stein ins Rollen kam und das große Drama begann. Aus dem däni= schen Krieg aber erwuchs nach vergeblichem Verkleben der Risse, durch das feuergefährliche Kondominium mit Östreich, das wie der Hund zum Jagen der Dänen getragen worden war, die welt= geschichtliche östreichische Amputation von 1866, Deutschlands weitaus gefährlichste Zeit, wo es in der That hieß: Va banque! Noch heute erinnere ich mich so lebhaft, wie wenns gestern ge= wesen wäre, der Morgenstunden des damaligen 4. Juli, wo ich als fahrender Kandidat mich in Berlin befand. Auch ich war wie fast Jedermann in Preußen und Deutschland wüthend ge= wesen über diesen Bismarck, von dessen östreichischem Bürgerkrieg ich wähnte, er spiele ein freventlich Spiel, nur um die inneren Wirren der Konfliktszeit los zu werden. Aber mein logischer Obersatz lautete anders, als bei der Mehrzahl der Bismarcks= gegner. Ich sagte mir: Ist Preußen verloren, wie ich angstvoll annahm, so ist, und zwar nunmehr für immer, Deutschland ver= loren und alle unsere Hoffnung begraben. Da donnerten am Morgen jenes 4. Juli vom Invalidenplatz in Berlin her auch mir in meiner Stube in der Artilleriestraße die Siegeskanonen durch die junge Seele, es litt mich nicht mehr im Zimmer, mein falscher großdeutscher Untersatz im Syllogismus war durch die Geschichte selbst berichtigt und der Schluß war fortan unverrück= lich in Ordnung. Unus pro multis, Einer für so Viele, denen es früher oder später ähnlich ergieng! — Wie aus dem östreichischen Krieg vier Jahre später der französische sich zusammenbraute, wie die Rache für Sadowa über Luxemburg nach dem benachbarten Sedan führte, lebt ja noch in aller Gedächtnis.

Es ist wahr, in diesen sieben Schicksalsjahren von 1864 bis 71 hat viel Eisen geklirrt und ist viel Blut geflossen. Aber das ist, auch abgesehen vom nur so erreichbaren Lösen des Knoten und Erzielen des Erfolgs, aufgewogen durch ebensoviele unnötige oder thörichte Kriege, deren Verhinderung, was Preußen-Deutsch= land betrifft, Bismarck seinem eigenen heißen Blut und dem Drängen Anderer abgerungen hat. Ich erinnere nur an den Krim-Krieg, an den italienischen, an den polnischrussischen, an Luxemburg; ja selbst die spanischen Hidalgo's ließ er ruhig nach ihren in absentia heißgeliebten Karolinen sich die Männerkehle heiser schreien. Und auch nach den glänzendsten Erfolgen hat er das stoßkräftigste Heer der Welt nie stößig benützt, hat mitten inne zwischen Frankreich und Rußland das deutsche scharfe Schwert und das fremde willenskräftig in der Scheide gehalten.

Denn er war eben kein Kriegsfreund, sondern erklärt offen, daß „auch ein siegreicher Krieg ein Übel ist, welches die Staats= kunst den Völkern zu ersparen bemüht sein muß". Oder noch deutlicher gegen einen Professor, der es in der Luxemburger Frage — natürlich — besser gemacht hätte: „Mein lieber Herr Professor, wer einmal auf dem Schlachtfeld einem Krieger in das brechende Auge geblickt hat, der besinnt sich, ehe er einen Krieg anfängt!" So ist ihm, wie seinem großen Genossen Moltke, der Krieg nur das bedauerliche Mittel, wo kein anderer Weg mehr gangbar ist. Aber dann natürlich: Drauf und durch! sonst wäre er kein rechter Preuße und Altgermane gewesen.

Und nun der Krieg im Frieden als Abgeordneter zum

vereinigten Landtag, als Ministerpräsident, Bundes- und Reichs-
kanzler. Ja, da war er freilich, wie wir wissen, kein Freund der
Entscheidung von großen Zeitfragen durch Reden und Majori-
tätsbeschlüsse; das hatte ihn Frankfurt gelehrt als „Turn- und
Exerzierplatz von Geist und Zunge; wenn man drinn lebt, so
täuscht man sich darüber und hält sie für Wunder was!" Und
darum war er allerdings nicht blos in seiner noch stürmischgäh-
renden Junkerzeit von 47—51, sondern kaum weniger auch nachher und so besonders in der bekannten Konfliktszeit von 62—66
ein Kämpe von rücksichtsloser Schneidigkeit. Aber wer will ihm
dies gerade damals rückschauend verargen, wo er einem gefesselten
Prometheus glich, vorauswissend was e r wollte, und was, hätte
er es sagen dürfen, selbst die Gegner entwaffnet hätte? In dieser
Stimmung knirschte er sehr begreiflich auf gegen den neunmal-
klugen parlamentarischen Liberalismus und Doktrinarismus, gegen
den prinzipienreitenden Schulmeistergeist, der damals und
später immer wieder verdarb und verderbt, was nach jenem zwei-
schneidigen Wort der deutsche Schulmeister auf dem Schlachtfeld
gut gemacht. Er selbst hat offen von sich bekannt, was zweifelsohne
seine Laufbahn sattsam bestätigt: „Doktrinär bin ich in meinem
Leben nie gewesen; es giebt Zeiten, wo man liberal, Zeiten, wo
man absolut regieren muß; es wechselt Alles".

Daher war er als Parlamentarier und Diplomat überhaupt
nach Innen und Außen nie nach der Schablone und dem Lineal,
wie ein sentimentaler Gefühlspolitiker, ihm mit Recht das Allerver-
haßteste, und in den wechselnden Mitteln nie ängstlich wählerisch. Ma-
teriales Recht der Nation geht ihm wie bei Schleswig-Holstein vor
dem formalen Recht des vergilbten Pergaments (und man weiß ja,
aus welchem Stoff letzteres gemacht wird). Die Sache steht ihm
vor den Personen, die er ihr in unleugbar starkem Personenver-
brauch rücksichtslos unterordnet; Bundesgenossen nimmt er, wo
er sie findet, spielt Volk gegen Dynastien und Dynastien gegen
Volk und Parteien gegen Parteien aus. Das ganze Staatsleben
ist ihm Ein Kompromiß, wie ja auch in der Natur unser Gehen
als ein beständiger Kompromiß mit dem Fallen, unser Leben im

Ganzen als ein steter Kompromiß mit dem Tod erscheint. Er
weiß, daß das Beſſere iſt des Guten Feind, halb aber oft mehr
wert iſt, als das Ganze, und daß wir „den Lauf der Zeit (wie bei
dem beabſichtigten Eintritt Badens in den norddeutſchen Bund) nicht
dadurch beſchleunigen, daß wir unſere Uhr vorſtellen; wir können
warten". Er liebt es nicht, quieta movere oder durch akademiſche
Prinzipienſtrenge vorläufig unnötige Fragen aufzurühren.
Nur mit der Unwahrheit arbeitet er bekanntlich nie, die ſonſt als
δαιμόνιον des richtigen Diplomaten galt und gilt. Von ihm hat
er nur das völlig andere Schweigen zur rechten Zeit angenom-
men, das gern „dilatoriſch" verfährt und dem lauernden Gegner
ſeine Illuſionen läßt, nicht macht, bis ihm die Augen zu ſpät von
ſelbſt aufgehen. So hat er Jahre lang den oberſten der Füchſe,
den dritten Napoleon „düpiert", und „ein Kaiſer der Franzoſen
ſollte ſich doch nicht von ſo einem deutſchen Bären düpieren laſſen".
Wenn der Verſucher ſeit 62 immer und immer wieder um ein
kleines Trinkgeld an ihn herantrat, ſo ſprach er zwar unentwegt
in ſeinem herzen: ὕπαγε ὀπίσω μου, σατανᾶ, weiche von mir,
Satan; kein deutſches Kleefeld kriegſt Du von mir; nichts da, Du
herr von Nizza und Savoyen! Aber das laut zu ſagen ſparte er
weislich für die Enthüllungen im Juli 1870 auf, wo dann bald
Sedan das notarielle Siegel darauf drückte. Inzwiſchen wich
er aus, ließ den Sanguinikern ihre nationalen Einbildungen und
ſpeiſte ſie mit ihrer eigenen Ware, mit delphiſchdunklen Orakel=
ſprüchen ab. Denn „wenn er einem Teufel verſchrieben war, ſo
war es jedenfalls ein teutoniſcher und kein galliſcher". Im Üb=
rigen verblüffte er gern die Welt durch ungewohnte und darum
nicht für bare Münze genommene Offenheit, ſo daß ſie ihn, wie in
ſeiner Art den alten Brutus, lange für toll hielten, den guten Napoleon noch 1867 nicht ausgenommen.

Verehrte Feſtverſammlung! So hat denn Bismarck nicht
ohne inneren Grund auch als Staatsmann und Diplomat mit Vor-
liebe ſeine militäriſche Küraſſieruniform getragen, bei dieſem
Krieg im Kriege und auch im Frieden, bei dieſem ihm „keine Ruh
bei Tag und Nacht" laſſenden Kampf und Streit mit allerlei

Gegnern und wunderbarem Volk. Da waren es Feinde im Über-
rock und Unterrock, Leute mit bösem Willen oder auch gutem, aber
dafür so oft mit mangelhaftem Verständnis und blos epimethö-
ischer Schulzenweisheit. Selbst mit einer pathologischen Professors-
größe mußte er sich herumstreiten und beinahe schießen. Sogar
zwei Halbsinnige treten bedeutsam in seinen Lebensweg: Am 8.
Mai 1866 unser hiesiger Studentenwehrlieutenant von 1863, der
verblendete Blind, und am 18. Juli 1870 der (taube) Herr
Monsieur le Sourd, der ihm die französische Kriegserklärung
übergab, um genau 4 Wochen später bei Gravelotte sein „He-
phata!" öffne Dich, Ohr, zu erleben.

Mit ihnen allen hat Bismarck gestritten, im Pulverrauch
und Rauch des Wortgefechts, und so alle seine Orden „vor dem
Feind verdient" von den Frankfurtern an bis zu dem schönen pour
le mérite militaire mit Eichenlaub, den ihm 1884 der edle Wilhelm
ganz in diesem Sinn verlieh. Denn „pro publica salute quilibet
civis miles est," dies Wort von Leibniz darf unser Staatsmann
in Uniform voll auf sich anwenden.

Wir aber dürfen und müssen es anwenden, wenn wir namentlich den inneren Bismarck gerecht beurteilen wollen. Er
hatte im beständigen Kriegszustand zu leben, auch wenn die
Waffen draußen ruhten. Das Kriegsrecht aber ist nun einmal
in Ewigkeit ein anderes, als das bürgerlichfriedliche Alltagsrecht.
Ich will von Bismarcks leidenschaftlicher Heftigkeit und von der
Gereiztheit des Gereizten und Gehetzten gar nicht reden. Wer sich
in seine Lage versetzt, findet das persönlich einfach selbstverständlich.
Wenn Einer unter solchen Umständen nicht wütend wird und aus
der Haut fahren möchte, so hat er überhaupt seinen Beruf als
Mensch verfehlt und hätte gleich als Engel geboren werden sollen.
Aber auch sachlich ist kein Zweifel, daß manche seiner Schritte als
Akte und Maßregeln der Notwehr und der bittersten Zwangslage
anzusehen sind, wie z. B. das Ausspielen des allgemeinen gleichen
Wahlrechts und Anderes. Die Notwehr aber und Zwangslage
hat sogar im kleinbürgerlichen Leben einen andern Kodex; sollen,
müssen wir das nicht auch dem Großmeister des öffentlichen Le-

bens zubilligen? Er trifft gewiß selbst den Nagel am besten auf
den Kopf, wenn er einmal sagt: „Wer mich einen gewissenlosen
Politiker nennt, thut mir Unrecht; er soll sein Gewissen auf diesem
Kampfplatz erst selbst einmal versuchen." Εἷς οἰωνὸς ἄριστος, ἀμύνεσθαι περὶ πάτρης!

In der That, das nationalstaatliche Ideal der Besten im
Volk der einseitigen Dichter und Denker konnte nur durch einen
Mann verwirklicht werden, der diesen gemeinsamen Grundzug
mit einer ebensokräftigen Dosis Realismus verband, von einem
Mann, in dessen eigener Persönlichkeit, wie in der entgegenkom-
menden Gunst der geschichtlichen Verhältnisse sonst Vereinzeltes
oder auch verhältnismäßig Entgegengesetztes sich zur Einheit, der
Bedingung von Deutschlands Einigung verband. Meist verteilt
ja die Natur ihre Gaben einseitig, selten bringt sie solche Prachts-
exemplare zu Stand.

Und nun stellen Sie sich einmal Bismarcks weltbekannte Persönlichkeit vor Ihr geistiges Auge: Der wunderbar gerundete, wie
mit dem Zirkel gearbeitete Kopf, den uns schon längst kein neidisches
Haar mehr verhüllt, die Stätte eines gewaltigen Hirns, das Werkzeug eines durchdringend klaren, mit prometheischen Funken ins
Dunkel zündenden, beweglich-phantasievollen Verstands. Dann die
großen, vorstehenden, leuchtenden Augen, aus denen das Feuer
eines unbeugsamen Willens spricht, der allezeit, diesmal sogar mit
den Engländern sagt: Wo ein Wille ist, da ist auch ein Weg.
Man sieht, in dem Mann ist der Dampfkessel der edlen Leiden-
schaft, des tapfern platonischen θυμός gut geheizt, ohne den aller
Verstand ein lahmer Weiser ist. Mit Recht umschließt diesen θυμός
in der Brust die Kürassieruniform, denn „illi robur et aes triplex
circa pectus erat". Und nun der energisch geschlossene Mund mit
dem überschattenden Schnurrbart. Sagt jener nicht, daß dieser Mann
sich auch ebenso gewaltig beherrschen kann, daß er sich und die eigene
oder fremde Hitze auch zu mäßigen versteht und auf den Höhe-
punkten des Erfolgs wie nach 66 gegen die Versuchung der ὕβρις
in energischem Nein! die Lippen zusammenpreßt, um so dem
Neid der Götter selbst die Spitze abzubrechen? Es ist die richtig-

verfaßte platonische Seele mit σοφία. ἀνδρεία und σωφροσύνη, Weisheit, tapferem Mut und Mäßigung. Nehmen Sie dazu noch die
sieben Fuß Leiblichkeit, daß, wie unsere Bauern sagen, auch die
nötige Mannschaft nicht fehlt, dann haben Sie den „Einen Mann
aus Millionen", den unser heimischer Dichter schon im Anfang der
50er Jahre prophetischen Geists ersehnte und erschaute!

Freilich, unus homo, nullus homo. Auch der Größte thuts
nicht allein, sondern der glücklichen Vereinigung der Züge in seiner
Person muß auch der glückliche Verein mit großen und edlen Zeit-
genossen entsprechen, die ihn ergänzen. Und da gehört ja zum
Schönsten aus dem Heldenjahre 1870 die großartig schöne Art,
wie der alte Wilhelm am 3. September in seinem berühmten
Trinkspruch auf seine Paladine Roon, Moltke und Bismarck das
altpreußische Königswort: suum cuique! zur Anwendung brachte.
Und wie es schon hier durchblickte, so war auch die Ordnung beim
festlichen Berliner Einzug am 15. Juni 1871: Der Staatsmann
ritt als der Größte mit Recht in der Mitte der zwei Soldaten, eine
herrliche Dreiheit, die dem nunmehrigen Kaiser den Weg eröffnete.

Denn diesen vor Allem, den unvergeßlichen alten Wilhelm
dürfen wir nicht vergessen, wann und wo wir Bismarck feiern.
Die Beiden haben Treue um Treue geübt. Darum ist Wilhelms
edle Seelengröße auf immer mit Bismarcks stolzer Geistesgröße
unlöslich verbunden. Im Altertum ruft der große theoretische
Staatsreformator Plato wehmütig nach einem Philosophenkönig;
in neuerer Zeit klagt unser größter Patriot und Staatsmann vor
Bismarck, klagt der Philosoph und Diplomat Leibniz, daß so selten
sich einen wolle Macht und Weisheit (oder ῥώμη und γνώμη, wie es
tragisch klagend noch schöner auf einer Bildsäule des Demosthenes
heißt). Bismarck ist die seltene Vereinigung geglückt durch den
unzerreißlichen Anschluß seines Geistes an seinen König und Kaiser
und die Macht des Hohenzollernstaats. So reichen ihm, dem Geist=
verwandten, jene großen Vorgänger, der Grieche und der Deutsche
über zwei Jahrtausende und zwei Jahrhunderte hinweg die hehre
stille Geisterhand und sprechen: macte, princeps triumphator! Denn
er hats erreicht. Wenn jene nur Ideen in idealgläubigem Hoffen

ausſtreuen konnten, ſo hat der Realidealiſt ſie verwirklicht. Nun, er hat dabei mannigmal in ſeinem Leben ein bischen annektirt ; üben wir auch einmal an ihm Vergeltung aus und annektiren ihn wenigſtens für unſere Fakultät, in welche er thatſächlich beſſer paßt, als in die mediziniſche oder theologiſche und juriſtiſche. Iſt er doch in Wahrheit Deutſchlands mächtiger Real- und Staatsphiloſoph, die Erfüllung von Platons ſehnlichem Wunſch in der „Πολιτεία“. Liebe Kommilitonen! Als eine weltgeſchichtliche Geſtalt im vollen Sinn ſteht Bismarck vor uns und zugleich im menſchlich ehrwürdigen Schmuck des hohen, geiſtig ungebeugten Alters, der letzte unſerer Großen aus großer Zeit und nunmehr auch perſönlich einſam durch den Tod der edlen Lebensgefährtin, die Leid und Freud, Sorge, Sieg und Sturz mit ihm durchgemacht, eine Ehe, auf die des Tacitus Wort von Agrikola und ſeiner Gattin wie gemacht erſcheint: idque matrimonium (ei) ad majora nitenti decus ac robur fuit, dieſe Ehe gab ihm Kraft bei ſeinem Streben nach Höherem und verſchönerte ſein Leben.

Bei den meiſten großen Männern muß man warten mit dem Preis, bis ſie tot ſind, bis die letzte Erdenſchwere gefallen und nur die reine Geſtalt vor der Erinnerung ſteht. Bismarck hat durch ſeinen Abgang von der politiſchen Bühne dies reinigende Fegfeuer ſchon im Leben durchgemacht. Man kann ihn bereits sine ira et studio, ohne Zorn und Intereſſirtheit betrachten, alſo in echt und rein äſthetiſchem Wohlgefallen an dieſem Mann, der, ob im weißen Küraſſierrock oder im ſchwarzen Diplomatengewand mehr als Einer von ſich ſagen kann: Denn ich bin ein Menſch geweſen, und das heißt ein Kämpfer ſein! Darum hat er ſich freilich auch viele Feinde gemacht; hat er doch nicht blos Fremde beſiegt, wie ſein feldherrlicher Genoſſe Moltke, ſondern er hat die Sieger ſelbſt beſiegt, indem er ſie zur Einheit zuſammenſchmiedete und zwang zur Siegerkraft. Dies iſt das Größere, aber auch Gefährlichere.

Deshalb wollen ſie in dem altbekannten centrifugalen Zug der Deutſchen es uns wohl weithin verdenken, daß wir in Ehrfurcht zu ihm aufblicken. Eine ſolche Haltung ſei an ſich ſchon mannesunwürdig, meinen natürlich die ſplitterrich

tenden Therſitesſeelen, die ſelbſt an der Sonne nichts freut, als daß
gottlob auch ſie Flecken hat, womit ſie ſich über ihren eigenen Zu-
ſtand tröſten. Die wahrhaft Edelgeborenen oder εὐγενεῖς aber
ſagen mit Plato: μάλα γὰρ φιλοσόφου τοῦτο τὸ πάθος, τὸ θαυμάζειν,
der philoſophiſche, der geiſtige Sinn freut ſich von Herzen, wo er
bewundern d a r f. Und das thut zumal heutigen Tags gut. Wo
Beafſteak und ein Schnäpschen darauf Trumpf im öffentlichen
Leben werden wollen, iſt es eine Erquickung, zu blicken auf einen
Mann von Geiſt, bei dem des Dichters Wort zutrifft: Es iſt der
Geiſt, der ſich den Körper baut. Und in der Zeit der beginnenden
Maſſenherrſchaft thut es wohl, zu ſehen, wie trotzdem große
Führerperſönlichkeiten, wenn auch als Dolmetſcher ihrer Zeit, der
Geſchichte ihr Gepräge geben. Ja bei logiſcherem Denken ſollte
ſogar die Menge der Demokraten an Bismarck eine ihnen ſehr
ſympathiſche Seite finden und anerkennen. Er iſt Fürſt von Geiſtes-
gnaden, er iſt ein self made man, er hat ſich, wie ſeine Orden, ſo
auch ſeine Erhöhungen von Stufe zu Stufe ſelbſt verdient; denn
das bischen Landbaron, mit dem er anfing, will ja nicht viel heißen.
Er iſt, was er iſt, von Geiſtesgnaden, wir können ruhig auch ſagen
von Gottesgnaden geworden; denn wie jeder weltgeſchichtlichgroße
Mann war und iſt er ein ἔνθεος und fühlte ſich allezeit frommen
Sinnes als göttliches Werkzeug der Geſchichte.

Als er vor fünf Jahren äußerlich geſtürzt wurde, ſchrieb ich
zum unvergeßlichen 22. März in eine unſerer Zeitungen ein kurzes
Mahnwort mit der Aufſchrift „Niemals!", weil ich fürchtete, es
könnte bei Vielen das Umhängen des Mantels Mode werden, und
ſchloß mit den Worten: „Mit ehernem Griffel iſt das Bild Otto
von Bismarcks, des Mannes von markig deutſchem Namen und
Weſen, für immer in das Buch der Geſchichte gezeichnet. In
unſerem Herzen und Gemüt aber ſei bei des Recken Abgang
ebenſofeſt das alte Kaiſerwort als Mahnung eingegraben gegen
alles Vergeſſen: Niemals!" Zweimal freudig wiederhole ich dies
Wort heute. Gefeiert hätten wir unſer Feſt doch, wie ja ſogar der
deutſche Reichstag ſich den erſten April als Ruhetag von ſeinen
ſauren Arbeiten gönnen wird, wie man hört, weil an dieſem Tag be-

kanntlich doch nichts Gescheidtes herauskommt. Aber im Ernst, w i r hätten unser Fest inallweg gefeiert; denn Gesinnungen lassen sich nun einmal bei richtigen Deutschen weder an- noch wegbe- fehlen. Aber schöner, weit schöner, ästhetisch, geschichtsphiloso- phisch und moralisch viel befriedigender ist es jedenfalls, daß noch ein versöhnender Abendsonnenschein auf das Bild unseres Helden gefallen ist und wir heute nur nach minder bedeutsamer Seite hin zu sagen brauchen: Laß hassen, wer's nicht lassen kann! Uns soll das nicht weiter stören in dem freudigen Ruf, zu dem ich Sie hiemit auffordern darf:

Otto von Bismarck, der Vielgehaßte, Vielgeliebte, nehmt Alles nur in Allem, er, Deutschlands größter Patriot und Staats- mann lebe hoch!